Barnabás Bosshart

# ALCÂNTARA

*Eine Stadt in Brasilien
zwischen kolonialer Erinnerung
und Raketenträumen*

*Mit Texten von
Charles-Henri Favrod
Pietro Maria Bardi
Barnabás Bosshart
Eliane Lily Vieira
Hugo Loetscher
Josué Montello*

**E**DITION **S**TEMMLE
SCHAFFHAUSEN · ZÜRICH · FRANKFURT/M · DÜSSELDORF

# Berauschende Bilder...

Charles-Henri Favrod

Direktor des Musée de l'Elysée, ein Museum für Fotografie, Lausanne

Die Fotografien von Barnabás Bosshart sprechen für sich selbst, eigentlich bedürfen sie keines Kommentars. Über längere Zeit war ich geneigt, auf das Ersuchen des Fotografen und des Verlegers hin mit einem brasilianischen «Amanhã!» zu antworten.

Dieses Buch muß aber erscheinen. Außerdem kann ich die Qualität dieser unermüdlichen und schönen Reportage nicht ignorieren. Deren Tadellosigkeit nicht zu rühmen könnte den Gedanken an Indifferenz erwecken, erscheinen mir doch wenige Dokumentationen heute als erforderlicher, richtiger vom Zugang, von der geduldigen Fortsetzung und der Ausführung her als seine. Es ist ein außerordentlicher Bericht von prachtvoller Durchsetzungskraft. Dieser Bericht scheint mir von der Paraphrase von Paul Gregor begleitet werden zu müssen, für den Brasilien weder ein Land noch ein Kontinent, jedoch ein Planet ist, dessen Atmosphäre aus einer leichten Angst wie auch aus einer großen Sanftheit besteht. Die Sanftheit im Leben. Wahrscheinlich auch die Sanftheit des Todes. Hat man sie je empfunden, erahnt man erst das Ausmaß des brasilianischen Geheimnisses. Man liebt diese Erde und deren Bewohner nicht wie eine Heimat. Dies entspräche einem dunklen und puritanischen Empfinden. In der Tat erkennt man unter anderem einige dunkle und tragische Schatten. Aber mit Sicherheit keinerlei Spur von Puritanismus. Nein, man liebt Brasilien nie wie eine Heimat. Wie eine Frau also? Warum nicht? Man sollte sich jedoch ein unbestimmtes Gefühl für ein Mädchen aus einem surrealistischen Gemälde vorstellen. Sie hat einen wunderbaren und samtigen Körper, von dem sich, während sie Sie streichelt, Rauch aus Haschisch, Marihuana und anderen mysteriösen Drogen ausbreitet, die in seltsam unmißverständliche Delirien versetzen. Dazu Paul Gregor: «Ich bin verliebt, also stottere und stammle ich, und ich bin verwirrt. Dies versteht sich. Aber wie kann ich von einem Land berichten, in dem ich jeden Morgen ohne einen Tropfen Alkohol berauscht war? Von Schönheit berauscht.»

Die Bilder von Barnabás Bosshart sind schön. Sie betäuben, sie exaltieren, sie berauschen. Wahrhaftig, wie ließe sich deren Ausdruckskraft und bezaubernde Verführung besser umschreiben?

# Inhalt

# Vorwort

Pietro Maria Bardi

Direktor und Mitbegründer des «Museu de Arte de São Paulo»

Nach der Einweihung des Museu de Arte de São Paulo (MASP) im Jahre 1947 galt eine der ersten Initiativen dem Ziel, es eher als ein Zentrum für Kulturarbeit zu gestalten denn als eigentliches Museum. Da wir die Chance hatten, bei Null anzufangen, eröffneten wir Schulen und Workshops mit didaktischen Übungen zu den Bereichen Geschichte, Musik, Tanz, Werbung, Industrie-Design und verschiedenen anderen, sinnvoll erscheinenden Gebieten. Die Fotografie nahm dabei natürlich einen Platz mit vorrangiger Bedeutung ein.

Im Verlauf des vierzigjährigen Bestehens des MASP erfuhren die fotografischen Aktivitäten sorgfältige Betreuung, insbesondere im Hinblick auf regelmäßige Ausstellungen brasilianischer Fotografen, die sich inzwischen einen Namen machten, aber auch ausländischer, um die wichtigsten Entdeckungen zu dokumentieren.

Einer der vielen Berufsfotografen, die wir vorgestellt haben, ist Barnabás Bosshart, von dem ich in meinem Buch «Em torno da Fotografia no Brasil» (Fotografie in Brasilien) eine Aufnahme veröffentlicht habe.

Nun höre ich, daß er diesen Querschnitt seiner Arbeit veröffentlichen will und mich bittet, dazu ein Vorwort zu schreiben. Dieser Bitte komme ich mit größter Freude nach, denn ich schätze sein Werk und halte es für ausgesprochen bedeutsam, wenn ich daran denke, welche Aufmerksamkeit es erregte, als wir es in São Paulo zeigten. Ein Teil jener Ausstellung ist hier abgebildet, dazu andere Aufnahmen, bei denen seine Auswahl, Verständnis und Sichtweise unter den Aspekten Vorstellungskraft, Können und Entschlußfreudigkeit wirklich sehr interessant sind.

Die Kunst des Fotografierens, und ich sage Kunst, denn das ist sie hier, gehört heute zu den unverzichtbaren Kommunikationsmedien des Alltags. Wird diese scheinbar jedermann zugängliche Kunst von einem Menschen ausgeübt, der sich ihr verschrieben hat, bringt sie unverwechselbare Ergebnisse hervor, die durch ganz eigene, individuelle Prägung bestechen.

Diese Elemente sagen wohl etwas über Barnabás Bosshart aus. Ich erkenne in seiner Fotografie eine menschliche Wahrnehmung, inspiriert durch Begegnungen mit Menschen und Situationen im Leben des einfachen Volkes, denen die Schlichtheit des Ambiente den charakteristischen Rahmen gibt.

Bosshart hat im brasilianischen Leben besondere Elemente wahrgenommen, die in manchen Abbildungen seinen Blickwinkel in den Vordergrund rükken. Ich sehe in der Maquette Fotos, auf denen die Beobachtung von Umständen und Situationen seine Neigungen verdeutlichen. Zweifellos wird dieses Buch so manchen Liebhaber der Kunst-Fotografie zu Kommentaren und Analysen dessen anregen, was wir Barnabás Bosshart verdanken.

# Alcântara do Maranhão vor 1989

Barnabás Bosshart

Es war vielleicht das erste Mal, daß ich mich in ein ganzes Dorf und seine Menschen verliebt hatte – aus gar keinem speziellen Grunde.

1973 hatte ich mir in London eine Landkarte über Südamerika gekauft und überlegt, wie es wäre, den Atlantik auf einem Schiff zu überqueren. Einen Monat später, im Juli, lief ein großer Frachter von Antwerpen aus, und ich war dabei. Zehn Tage danach ankerten wir in Recife, an der Nord-Ost-Küste Brasiliens. Im selben Monat kam ich zufälligerweise in Alcântara vorbei.

Als einziger fremder Passagier wurde ich auf einem segelnden Holzkohlen-Frachter von São Luís aus über die stürmische Bucht nach *Tapuitapera*[1] *(Tupi-Guarani)*[2], einer ehemals großen Indianersiedlung, gebracht. Nach der portugiesischen Eroberung (1617) nannten sie den Ort Alcântara, was aus dem Arabischen kommt und soviel bedeutet wie «die Brücke».

Zwei Tage und Nächte lang spazierte ich kreuz und quer durch die leicht hügelige Gegend und war sehr beeindruckt von der Gastfreundschaft der Menschen und von der Natur.

Unendlich lange weiße Sandstrände blendeten meine Augen im Kontrast zum dunkelblauen Äquator-Himmel und blaugrün schäumenden Meer. Blumen voll tropischer Leuchtkraft, unzählige Früchte und eine Vielfalt von Fischen wurden im kleinen *Mercado*[3] angeboten. Die Regenzeit war bereits vorbei, und eine feurige Hitze brannte auf meinen Kopf. Weder das Auto noch den Tourismus kannte man hier.

Erst 1981 kehrte ich nach Brasilien und Alcântara zurück und war auf der Stelle ergriffen von der Schönheit, der Magie und der Stille dieses Ortes; von den Menschen und Dingen, dich ich sehen und fühlen konnte, rund herum.

Ich blieb zehn Monate lang und malte – kleine abstrakte Aquarelle. Während dieser Zeit fotografierte ich sozusagen nicht, beobachtete aber genau aus der Distanz, denn ich wollte die Einwohner mit meinem Fotoapparat nicht erschrecken; ich war auf jeden Fall ein Eindringling und mir der delikaten Position bewußt.

Es war eine total neue Welt für mich, anders als alles, was ich bis dahin erlebt hatte.

Mein Näherkommen war sehr langsamer Art. Ich versuchte, die kulturellen Unterschiede zu verstehen, die mir in anderen Formen aus meinen Reisen um die Welt bekannt waren. Drei grundlegende Elemente hoffte ich zu meistern: die brasilianisch-portugiesische Sprache, den Dialog und das Vertrautwerden.

Ich besuchte die Menschen in Alcântara regelmäßig jedes Jahr. 1982 fing ich damit an, einige Momente fotografisch festzuhalten. Später, als die Nachrichten über einen geplanten Weltraum-Raketen-Bahnhof des Luftfahrt-Ministeriums (Aeronáutica) hereinbröckelten, entschied ich mich, die Alcantarenser zu fotografieren, *noch* in ihrer ganz eigenen Welt.

Während meiner Aufenthalte waren sich die Einwohner meiner Anliegen immer bewußt. Wir sprachen darüber, und die meisten waren einverstanden, daß ich sie fotografierte. Zum Teil darum, weil sie wußten, daß ich ihnen die Bilder später schenken würde, als Austausch für ihr Vertrauen und ihre Geduld.

Durch diese Arbeit lernten wir uns kennen. Es kam so weit, daß sie mich riefen, wenn sie fotografiert werden wollten. Sie kannten mich, und ich kannte sie, sie lebten mit mir, und ich lebte mit ihnen. Trotzdem sind sie auch heute noch nicht sicher, warum denn eigentlich dieser Gringo so viele Fotos von ihnen machte...

Zwischen Juli und November 1986 organisierte ich mit Unterstützung des «Ministério da Cultura»[4], der «Secretaria do Patrimônio Histórico e Artístico Nacional (SPHAN)»[5], der «Grupo de Trabalho Alcântara»[6] und «Pro Helvetia» eine Ausstellung von 60 Porträts- und ein paar wenigen Landschafts-Aufnahmen.

Wir luden das ganze Dorf an den Eröffnungsabend ins «Museu Histórico de Alcântara» am Hauptplatz ein. Sämtliche Schulen wurden geschlossen, und es bildeten sich unendliche Menschenschlangen von Kindern und Erwachsenen vor dem Museumseingang, wo einer nach dem andern seinen Namen in das neu gekaufte Gästebuch eintrug.

Es entbrannten emotionelle Momente. – «Warum nicht ich?» schreit mir einer ins Gesicht. – «Bitte nimm das weg, alle sagen, ich sähe so häßlich darauf aus!» klagt eine der Marias. – «Bin ich das?» fragt mich Maísa ganz schüchtern. Die Stimmung war geladen. Keine der Personen hatte sich je vorher im Leben selber auf einer Fotografie der Größe 30/40 cm gesehen, geschweige denn im Museum des eigenen Dorfes, wo man normalerweise nie reingehen würde!

Eine Disco wurde montiert auf dem Platz vor dem Museum, und die Menschen pendelten hin und her; zwischen Fotografie und Schlager-Musik und zwischen Trommeln und *Cachaça*[7]...

Zum Leide von Alcântara ist das Luftfahrts-Ministerium daran, die größte *Weltraum-Raketen-Station*[8] in Südamerika zu bauen, mit Abschußrampen für Wetter- und Kommunikations-Satelliten auf einer Fläche von 500 km², nur 4 km vom Dorf entfernt. Eine Flugpiste für Jumbo-Jets wurde gebaut, und eine andere für die amerikanischen Space-Shuttles ist geplant. Man hört, daß die ersten Raketen 1989 starten sollen.

Das Personal dieser Station hat sämtlichen Luxus zur Verfügung. Von frischen Fischen in eisgekühlten Boxen aus São Luís über fließendes Wasser und 24 Stunden lang Farbfernsehen. Neuerdings sogar einen riesigen «Super-Mercado», wo es alles viel billiger gibt als im Dorf.

Auf der anderen Seite tragen die Alcantarenser Frauen immer noch ihr Trinkwasser auf dem Kopf herbei, Wasser, welches aus den alten portugiesischen Zisternen mit Kübeln hochgeseilt wird. Einige liegen bis zu zwei Kilometer von dort entfernt, wo sie wohnen. Vor längerer Zeit wurde zwar eine Wasserleitung gelegt, aber sie funktioniert nur im oberen, höher gelegenen Teil des Dorfes, wenn überhaupt.

Elektrizität[9] ist hier immer noch ein Phänomen. Ein extrem lärmiger Dieselmotor wurde 1957 mitten ins Dorf montiert, an der «Rua Grande», unweit der «Igreja de Nossa Senhora do Carmo». Dieser Lärm spendet Licht zwischen vielleicht 18 Uhr und 23 Uhr. Für Kühlschränke ist die Brenndauer aber zu kurz, und wer weiter als ein paar hundert Meter vom Motor weg wohnt, braucht einen teuren Volt-Transformator, um die Lichtstärke zu pushen, da andernfalls die Glühbirnen wie Kerzen dahinflackern; *die* Ausnahme, wenn der Vollmond leuchtet!

Die Veränderungen vom Gestern zum Heute vollziehen sich hier rasant; die Kultur-Shocks sind vehement spürbar.

Einige nennen das Entwicklung und Fortschritt. Für die Mehrheit der Einwohner aber äußert sich diese Veränderung eher negativ. In den meisten Fällen wird ihr traditioneller Lebensstil nicht genügend respektiert und unterstützt. Einige der Fischer fischen schon nicht mehr, in einem Dorf, das hauptsächlich vom Fisch- und Krabben-Fang lebte. Verständlicherweise, denn sie verdienen jetzt ein bißchen mehr bei den großen Bauunternehmen in der Nähe. Die Einfuhr gefrorener «Fischstäbchen» bei durchschnittlich 34 Grad am Schatten ist bereits Realität!

Kulturelle Strukturen wie die der afrikanischen Kulte, Rituale und Feste, Austausch von Waren ohne Geld, Handwerke wie Hängemattenweberei und Ruder-Schnitzerei –, werden unterminiert und verschwinden schlußendlich.

Die Einwohner waren und sind immer noch zu wenig informiert über das, was auf sie zukommt. Es finden sozusagen keine Dialoge statt zwischen ihnen und den verschiedenen Eindringlingen.

Die Menschen von Alcântara haben *kaum* eine Chance, sich auf ihre persönliche Weise weiterzuentwickeln. Sie werden langsam aus dem Dorf verdrängt und in die alte Versklavung neu verwickelt, diesmal nicht von den Portugiesen, sondern den Technokraten des 20. Jahrhunderts.

Mir ging es auch darum, ihnen zu zeigen, daß *sie* für mich maßgebend sind und daß *sie* Alcântara ausmachen.

Hiermit möchte ich mich ganz besonders bedanken bei allen, die mir erlaubt haben, sie zu fotografieren und in diesem Buch zu reproduzieren; auch all denen, die hier nicht abgebildet sind.

Bei folgenden Personen und Organisationen möchte ich mich speziell für ihre Unterstützung zu diesem Buch bedanken: *Dona Maria und Tonico, Eliane Lily Vieira, Josué Montello, Maristéla Sena, Pietro Maria Bardi, Karin Mutter, den Schweizerischen General-Konsuln Herrn Hansjörg Säuberli (S. Paulo) und Monsieur François Pillonel (Rio), Irène G. Bourqui, Dona Gerda Poppinger, meinen Eltern Hermine und Emanuel Bosshart, Elisabeth Grossmann, Hugo Loetscher, Charles-Henri Favrod, Haim Elte, Philippe Halioua, Martin-Guy Marquardt, Paul G. Grote, der Schweizer Kulturstiftung Pro Helvetia, Ilford Photo AG, dem Regierungsrat des Kantons Thurgau und all denen, die sich auf irgendeine Weise an der Entstehung dieses Buches beteiligt haben.*

ANMERKUNGEN:

[1] *Tapuitapera* Erde der Tapuíos-Indianer.

[2] *Tupi-Guarani* Große Sprach- und Kulturfamilie der Indianer Südamerikas, urspr. südlich des Amazonas, an der Küste Brasiliens und im Gebiet zwischen Paraguay und Paraná.

[3] *Mercado* Markt, wo Waren verkauft und getauscht werden.

[4] *Ministério da Cultura* Brasilianisches Kulturministerium.

[5] *SPHAN* Brasilianisches Amt für Denkmalpflege.

[6] *Grupo de Trabalho Alcântara* Arbeitsgruppe des Kulturministeriums, die sich ausschließlich mit Alcântara befaßt.

[7] *Cachaça* Im allg. Zuckerschnaps (Pinga, caninha, gás), ein Branntwein, hergestellt durch die Gärung und Destillation, z. B. von Honig oder Sirup. Das Wort hat weit über 100 Synonyme.

[8] *Weltraum-Raketen-Station* Kourou, in Französisch-Guyana, Südamerika, ist der zur Zeit aktive Weltraum-Bahnhof der Europäer.

[9] *Elektrizität* Im Oktober 1988 wurde Alcântara ans elektrische Netz angeschlossen.

# Alcântara

Fotografien 1982–1987
Barnabás Bosshart


Bildlegenden
Eliane Lily Vieira


FÜR ALCÂNTARA UND BRASILIEN MIT DANKBARKEIT

DIE IGREJA DO DESTERRO, 1984

Die Kirche ist Zeuge,
wie die Sommerwolken am Himmel explodieren,
am Strand von Alcântara
über der Bucht von São Marcos,
weit bis zur Insel São Luís.

MARIA DO LIVRAMENTO RIBEIRO AMORIM UND ANTONIO LEITÃO AMORIM, 1984

Dona Maria und ihr Tonico leben seit 40 Jahren zusammen.

DER TEUFELSBAUM, ZUR GATTUNG FICUS GEHÖRIG, AN DER PRAÇA GOMES DE CASTRO,
MIT DEN JAHRHUNDERTEALTEN SOBRADOS, 1984

LUCIANA AMARAL CASTRO, 1984

Die Tochter von Gil und Zuleide
wurde in der Rua Grande geboren.
Sie hat ein Bettchen mit Moskitonetz,
im Hause von Zé Castro,
ihrem verstorbenen Großvater.

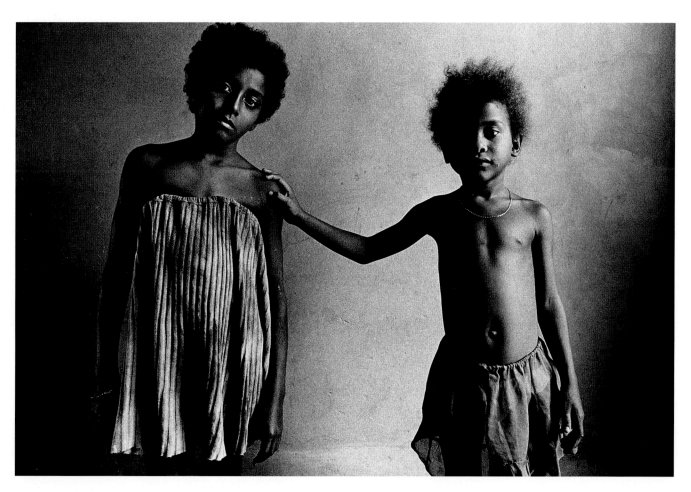

SILVANILDE FERNANDES CASTRO UND FELICIANE COSTA LEMOS, 1986

«Sie sagen, daß Alcântara ins Weltraumzeitalter getreten ist…?»

FAMILIE MORAES: IOLENE LEMOS («FARIA»), CAETANA LEMOS DA COSTA, LUÍS MENDES DA COSTA, CAETANINHA LEMOS,
LUÍS FREDSON («ROCHO») UND IRISLENE LEMOS («NENEM»), 1984

Sie alle wohnen auf einem Grundstück,
das früher zum Konvent «das Mercês» gehörte,
dem Orden der Mercedarier.
Und alle bearbeiten die Erde.

DAS WOHNZIMMER IM HAUS VON LUÍS MORAES IN DER RUA DAS MERCÊS, 1984

Das Holz hat bereits die richtige Form, sein Instrument ist die Säge.
Nur der Meister fehlt noch – und das Konzert kann beginnen.

MANOEL DA VERA CRUZ ALVES («MANDUCA»), 1986

Manduca ist einer der wenigen, die noch die Erde bebauen, säen und ernten.
Ihm gehört das Ofenhaus, wo er sein eigenes Maniokmehl herstellt.

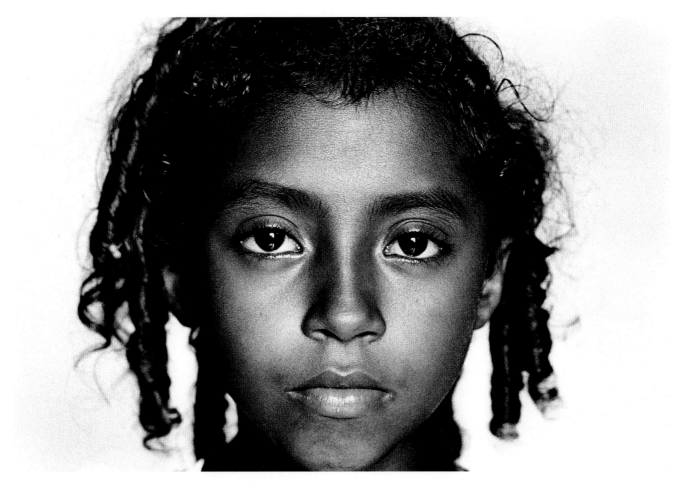

DARCILEA FERREIRA COSTA, 1984

Ihre Augen, die eine Welt umfassen, im perfekten Fokus der Kamera.

DEDIOLENE PEREIRA FERREIRA («DEDI»), 1986

Im früheren Wohnzimmer am Tag der Ersten Kommunion.
Der Wind trägt einen Hauch der Ewigkeit.

LUÍS ALFREDO AMORIM («BÜRGERMEISTER» ODER «GLATZE») UND MARIA CONSTANÇA AMORIM, 1984

Sohn und Mutter von ein und derselben Rasse.

SYLVESTRE COSTA GUSMÃO, 1982

Heutzutage sieht man selten einen Jungen mit einem Vogel in den Wäldern um Alcântara.

Die Kirche Nossa Senhora do Carmo,
ein Sobrado – zum Kolleg umgebaut, Kokospalmen und Bananenstauden.

FAMILIE VON MOSES COELHO, 1984

LUÍS MORAES FILHO («AFFE»), 1987

Alcântara wandelt sich schnell, zu schnell,
und Luís fühlt sich immer mehr in eine ausweglose Lage gedrängt.

SULAMITA BORGES, 1986

Sulamita in ihrem Zimmer, in einem Sobrado der Rua Grande.

JOSIANA («JOYA») UND JAIRO DE JESUS («JAIRINHO») COELHO MELO, 1984

Sie leben in der Rua Grande.
Sie sind die Kinder von Arcângela und «Vaca» (früher ein Tischler, heute Wächter vor der Bank).

DAS WOHNZIMMER VON ISABEL IM STADTTEIL CARAVELA: DEKORATIONSSTÜCKE VOR EINER LEHMWAND, 1984

LUÍS MORAES FILHO («AFFE»), 1984

«Ich bin der einzige schwarze Hippie indianischer Abstammung», behauptet er von sich selbst.

MARIA JOSÉ ASSUNÇÃO SILVA, 1986

Die Zeit stand still in der Ewigkeit ihres Blickes.

«FESTA DO DIVINO ESPÍRITO SANTO»,[*1] 1987

DIE KIRCHE NOSSA SENHORA DO CARMO, 1986

Die Kirche Nossa Senhora do Carmo im Profil, am Ende der Rua Grande, nachmittags um vier Uhr.

LUÍS SÉRGIO SOUSA OLIVEIRA, 1987

Ein Negerprinz wird «Erster Haushofmeister» des «Divino Espírito Santo».

MAÍSA PEREIRA, 1984

Die Prinzessin mit dem Teufel im Haar.

LUÍS MENDES DA COSTA, 1984

Im Jahr 1909 wurde er in Alcântara geboren.
Fischer, Landarbeiter, Jäger und Tischler. Er ist das Oberhaupt der Familie Moraes,
eine der wenigen, die noch von dem leben, was sie selbst produzieren.

ANA LAURA UND ANA CLÉIA CAMPOS BRITO, 1986

In Pose.

LUÍS MORAES FILHO («AFFE»), 1986

Gefangener seiner eigenen Freiheit.

IN EINEM HAUS AUS LEHM, AM STRAND, WÄCHST EINE ZIERPFLANZE IN EINER PLASTIKSCHÜSSEL, 1986

DIE «FONTE DAS PEDRAS»,
EINE QUELLE, UMGEBEN VON PALMEN (JUSSARA UND BURITI),
BANANENSTAUDEN UND MANGOBÄUMEN, 1986

DEJENILSE SILVA SOARES, 1984

Die Kleine, ganz einfach angezogen, nimmt respektlos auf dem Altar des «Divino Espírito Santo» Platz.
Das Fest des «Ewigen Heiligen Geistes» ist das größte Volksfest Alcântaras.
Aber letztlich macht Dona Virgínia, ihre Mutter, beim Fest mit, und das Haus steht für alle offen.

# São Luís und Alcântara – zwischen kolonialer Erinnerung und Raketenträumen

Hugo Loetscher

Lange Zeit hatte man nichts vom «Marginalen» Roberto gehört. Jetzt weiß man warum. Er war im Nachbarstaat fünf Jahre eingesperrt. Seit seiner Entlassung hat er sieben Einbrüche verübt und nach der Verhaftung zusätzlich einen Raubüberfall gestanden. Bei der Vernehmung meinte er: er sei zurückgekehrt, weil es nirgends so schön sei wie zu Hause.

Und die Prostituierte Maria gab zu, die Polizei belogen zu haben, als sie ihre Madame beschuldigte, sie beschäftige Minderjährige. Sie selber mußte sich seit dem elften Jahr durchschlagen, aber sie sei achtzehn gewesen, als sie ins Etablissement eintrat. Sie habe geschwindelt, weil sie die Madame wechseln wollte.

Nein, es wäre übertrieben zu behaupten, in São Luís sei nichts los; es tut sich schon etwas, wenn man sich an die Lokalnachrichten hält.

Im Augenblick haben Medizinstudenten an verkehrsreichen Plätzen Stände aufgestellt; sie messen der Bevölkerung gratis den Blutdruck, und der Andrang ist groß. Die Angestellten der Bibliothek protestieren, weil auf dem Platz davor eine öffentliche Bedürfnisanstalt gebaut werden soll; das ist um so empörender, als die Bibliothek eben eine Abteilung mit Kinderbüchern eröffnet hat, so daß die kleinen Leser den Benutzern der öffentlichen Anstalt begegnen könnten.

Als ich vor bald zwanzig Jahren zum erstenmal nach São Luís kam, war der Anlaß klar. Ich hatte eben die «Predigt des heiligen Antonius an die Fische» auf deutsch herausgegeben, eine Rollenpredigt des portugiesisch-brasilianischen Jesuiten Antonio Vieira, ein frühes Dokument der Kolonialismuskritik. In ihm findet sich ein Satz, der schon damals die Mächtigen empörte: «Man weiß, daß ihr Fische einander freßt, das ist skandalös. Aber der Skandal ist um so größer, da die Großen die Kleinen fressen. Umgekehrt wäre weniger schlimm, da würde ein Großer für viele Kleine ausreichen.»

1654 hatte Antonio Vieira diese Predigt in der Kathedrale von São Luís gehalten. Ich suchte den Tatort auf; ich wollte die Kanzel sehen, von der einst ein Mutiger sich an die gewandt hatte, die sich als Gläubige bezeichneten und

42

die prompt den Prediger verjagten. Der gleiche Antonio Vieira hatte in einem Brief auch geschrieben, daß er hier, im Staate Maranhão, ein Land vorgefunden habe, das dem irdischen Paradies gleichkomme. Im Augenblick hat es in diesem irdischen Paradies seit Jahren nicht mehr geregnet. So wiederholen sich im Hinterland die Szenen, die zur regelmäßig wiederkehrenden Dürrekatastrophe gehören: Hungerzüge und Überfälle auf Lagerhäuser und Ladengeschäfte, und die Massenflucht in die Stadt.

Dafür regnet es beim Debütantinnenball, und zwar Gold- und Papierblumen. So jedenfalls hat man sich das Dekor im Hotel ausgedacht. Die Fotos der Debütantinnen füllen in den Zeitungen ganze «Gesellschaftsseiten»: die heiratsfähigen Mädchen sind nicht allein abgebildet; ihre Fotos werden von den Bildern ihrer Mütter bewacht.

Auch was man sonst aus dem paradiesischen Hinterland erfährt, wiederholt sich. Man kennt die Namen der Familien, die sich seit Generationen befehden; den Großgrundbesitzern geht es um Land, Brunnen und Viehherden, um Ehre und Rache. Die blutige Abrechnung hat Tradition, und die setzt kinderreiche Familien voraus. Taglöhner und Landarbeiter bilden kleine Privatarmeen für die verfeindeten Clans und Sippen. Indessen liest der Soldat auf dem Posten vor dem Regierungsgebäude, an sein Wachthäuschen gelehnt, in der Zeitung auf einer Bank; in der Parkanlage sitzt einer, der sich seit dreizehn Jahren die Haare wachsen läßt wegen eines Gelübdes. Und auf den Mauern verbleichen die Slogans. Auch hier will eine Partei mit dem Volk regieren, und mehr als einer möchte Gouverneur oder Vizegouverneur werden. Aber man liest auch ganz allgemein: «Die Zeit tötet meine Liebe nicht», und persönlicher: «Enrico liebt Maria»; ein zweiter hat hinter Maria ein Sternchen gesprüht und führt in einer Fußnote an, wer alles sonst noch Maria liebt.

Weit weg, das war der erste Eindruck, den ich gewann, und das blieb auch der Eindruck, den ich mitnahm. Dieser Eindruck war um so stärker, als es sich keineswegs um einen einsamen Ort oder eine schwer zugängliche Gegend gehandelt hätte. Denn São Luís hat immerhin eine halbe Million Einwohner. Es ist die Hauptstadt des Bundesstaates Maranhão. Es besitzt einen Hafen. In den beiden Geschäftsstraßen, auf dem Markt und um den Busbahnhof herrscht jene Betriebsamkeit, die in dieser Buntheit nur ein tropisches Klima zuläßt.

Nun lag São Luís schon immer weit weg. Die Geschichte Brasiliens begann am Atlantik, an der Ostküste, wo die einstigen Hauptstädte liegen, Bahia und Rio. Mit Brasília ist die Hauptstadt nähergerückt, sie liegt nur noch so weit entfernt wie Palermo von Zürich.

Wegen dieser Abseitslage konnten sich hier zuerst die Franzosen etablieren. Frankreich hatte im siebzehnten Jahrhundert davon geträumt, in Südamerika ein «äquatoriales Frankreich» zu gründen. Ein entsprechender Versuch in der Guanabarabucht bei Rio scheiterte, hingegen war dem Unternehmen im Mündungsgebiet des Mearim an der atlantischen Nordküste ein kurzfristiger Erfolg beschieden. Hier, auf einer Insel, gründeten die Franzosen eine Siedlung, die sie nach dem heiligen Ludwig nannten und die heute noch «São Luís» heißt.

Das erste europäische Dokument über diese Region ist der Bericht von Claude d'Abbeville, einem französischen Kapuziner, der die Missionsgeschichte seines Ordens in Brasilien schrieb: «Histoire de la mission des Pères Capucins en l'isle de Maragnan et terres circonvoisins». Diese «Geschichte» (1963 neu aufgelegt von der Akademischen Druck- und Verlagsanstalt Graz) enthält unschätzbare ethnologische Auskunft über die Tupinambá, die Ureinwohner dieser Gegend, Indianer, von denen es heute noch im Schulbuch heißt, dass sie keinen Gott kannten und schamlos nackt gingen.

Während der portugiesischen Kolonialzeit gab es eigentlich zwei Brasilien: jenes, zu dem Bahia, Rio und São Paulo gehören, Recife mit seinen traditionellen Zuckerrohrregionen und die Provinz Minas Gerais mit ihren Gold- und Diamantenminen. Das ist jenes Brasilien, an das wir gemeinhin denken.

Daneben aber gab es an der atlantischen Nordküste ein anderes Brasilien, den Staat Maranhão und später den Staat «Grão-Pará und Maranhão» mit der Hauptstadt São Luís. Dieses Brasilien war wirtschaftlich von geringer Bedeutung, aber ungemein wichtig für territorialen Anspruch und Expansion. Von São Luís aus war die Expedition ausgelaufen, welche den Amazonas hinauffuhr und damit den Grund für das brasilianische Amazonien legte. Das zweite Brasilien war ein Riesenterritorium, das die heutigen Bundesterritorien Rondônia, Acre, Roraima und Amapá und die Bundesstaaten Amazonas, Pará, Mato Grosso, Goiás, Piauí, Ceará und eben Maranhão umfaßte, dessen Hauptstadt nach wie vor São Luís ist.

Weit weg – das galt auch, als Brasilien unabhängig wurde. São Luís hat seine Abseitslage damit kompensiert, daß es sich zum brasilianischen Athen erklärte. Ein Athen mit tropischen Regengüssen, das zur Hauptsache von einer Palmenart lebte, der «babaçu».

Ohne Zweifel könnten auch andere Städte eine Liste illustrer Söhne aufstellen. Aber nur wenige tun sich soviel zugut darauf, daß sie eine Universität und eine Akademie besitzen. Das geographische Abseits sollte in diesem Fall nicht bedeuten, daß man auch abseits der Kultur lag. Allerdings haben die meisten der berühmten Söhne nicht zu Hause gelebt. Gonçalves Dias (1823–1864), der Lyriker der brasilianischen Romantik, verbrachte den größten Teil seines Lebens als Diplomat im Ausland; er ging vor der heimatlichen Küste mit dem Schiff unter, das ihn nach Hause hätte bringen sollen; die Mannschaft hatte bei ihrer Rettung den Todkranken in seiner Kajüte vergessen. Aluísio Azevedo (1857–1913), der Naturalist unter den brasilianischen Romanciers, starb als Diplomat in Buenos Aires. Und Graça Aranha (1868–1931) läßt sein Hauptwerk, den Roman «Kanaa», nicht in seinem Heimatstaat spielen, sondern er erzählt die Einwanderungsgeschichte vom Staate Espírito Santo. Und Sousândrade (1833–1902) blieb lange unbeachtet, bis die Avantgardisten, die Dichter der «konkreten Poesie», die Modernität seiner «Wilden Harfe» entdeckten; er selber hat sich in den letzten Jahren damit durchgeschlagen, daß er Mauersteine und Ziegel seines Hauses verkaufte. Heute aber besitzt São Luís mit Josué Montello einen der populärsten Erzähler Brasiliens; er hat für seine Stadt und ihr Hinterland getan, was Jorge Amado für Bahia getan hat. Montello hat São Luís und Maranhão auf die literarische Landkarte Brasiliens gebracht.

So weit weg dieses São Luís liegt – es ist in den letzten fünfzehn Jahren auf unerwartete Weise dem übrigen Brasilien nähergerückt. Unter der Militärherrschaft wurden private Auslandreisen wegen der hohen Dollardepots fast unerschwinglich. Das hat dazu geführt, daß sich ein Binnentourismus entwickelte. Davon haben auch der Nordosten und der Norden profitiert und damit São Luís. Am Strand wurden einige Hotels gebaut. Aber São Luís wartet nicht nur mit Sandstränden auf, sondern auch mit historischen Bauten. Nicht zuletzt seiner Stagnation verdankt es, daß sich hier koloniale Bauten erhalten haben, auch wenn sie immer mehr zerfallen: neben Kirchen und Klöstern ganze Straßenzüge mit Privathäusern aus dem 17. und 18. Jahrhundert. Zu den Attraktionen zählen eine Behausung von Sklaven oder Brunnen; vor allem aber bietet São Luís wie kaum eine andere Stadt in Brasilien einen Reichtum an «Azulejos», jenen bunten Kacheln, die ein unabdingbares Dekorelement der protugiesischen und kolonialbrasilianischen Architektur darstellen.

Zudem ist dieses São Luís aus seiner wirtschaftlichen Trägheit erwacht. Der Hafen von Itaqui ist im Augenblick ein einziger Bauplatz. Denn er ist Endstation einer Eisenbahnlinie. Die Linie führt tief ins Hinterland nach Carajás, wo die größten Eisenerzvorkommen des Landes gefunden wurden. Die Bahn bringt das Erz nach São Luís, wo ein Schmelzofen und eine Eisenhütte gebaut werden. Ausgerechnet São Luís erlebt inmitten einer lädierten Nationalwirtschaft so etwas wie eine kleine Hochkonjunktur.

Tourismus und Eisenerz – das sind neue und recht unterschiedliche Gründe, um nach São Luís zu fahren. Aber es gibt noch einen ganz anderen Anlaß, und seinetwegen habe ich hier ein zweites Mal Station gemacht: Alcântara – nichts liegt so weit weg, als daß nicht etwas noch weiter weg läge.

Alcântara ist nur 22 km von São Luís entfernt, aber es liegt am andern Ufer der Markusbucht. Man müßte die ganze Bucht zurück und den Mearim-Fluß weit hinauffahren, bis man eine Brücke findet; aber von dort führt auf der Gegenseite keine Allwetterstraße nach Alcântara. Das gleiche gilt, wenn man in Itaqui die Fähre benutzt. Die übliche Art, um hinzukommen: ein Dampfer, der morgens São Luís verläßt und am Abend wieder zurückkehrt, eine Fahrt, die wegen der Strömungen und des Wellengangs recht unruhig ist.

Das Schiff legt nicht im Hafen von Alcântara an; es ankert in der Bucht. Diese bildet einen guten Naturhafen, geschützt von der Ilha do Livramento, einer unbewohnten Insel. Was ihr Name «livramento», «Rettung» oder «Befreiung», genau meint, weiß man nicht. Was auf der Insel gedeiht, sind Legenden über Schiffbrüchige, Piraten und einen verborgenen Schatz. Und in der Bucht, fast verloren, ein paar Fischerboote; das Gewässer ist für seine Krabben bekannt.

Die Passagiere klettern vom Dampfer auf ein kleines Boot, das sie gruppenweise zu dem führt, was man Anlegestelle nennt. Eine buntgemischte Schar erwartet das Schiff. Verwandte und Bekannte, ein paar Händler und Träger, die meisten aber sind Neugierige. Das Schiff bringt Ware und Nachrichten; es stellt die Verbindung zur Welt dar, die drüben liegt, wo sich São Luís befindet.

Die Lagerhäuser, welche den Hafen säumen, sind geschlossen und vom Einsturz bedroht. Sie erinnern an eine Zeit, als hier Baumwolle, Zuckerrohr, Maniok und Tropenfrüchte verladen wurden. Im Hinterland waren einst riesige Latifundien in Betrieb. Der Landadel hatte sich im Städtchen Alcântara eingerichtet, und von dem Hafen, an dem sich nichts mehr tut, sind einst die Söhne nach Portugal gefahren, um in Coimbra zu studieren.

Alcântara wurde 1617 an der Stelle eines Indianerdorfes gegründet; der Gründung ging ein Massaker voraus. Alcântara, einst die Kornkammer des Staates Maranhão, erlebte seine Blütezeit, als São Luís selber noch ein bescheidenes Dasein fristete. Was im letzten Jahrhundert zum Untergang führte, darüber streiten sich die Lokalhistoriker; nur eines bestreitet niemand: daß es niederging; daran lassen die zerfallenen und zerfallenden Bauten auch keinen Zweifel.

Steigt man die Steilstraße vom Hafen zum Hügelplateau hinauf, auf dem die Stadt gegründet wurde und von wo sich der Blick auf die Markusbucht auftut, gelangt man zum weiten, leeren Platz vor der «Matriz», der Mutterkirche. An der Fassade ist ein Gerüst aufgebaut; aber was errichtet wurde, um zu retten, was zerfällt, ist selber Teil des Zerfalls geworden.

Auf dem Platz der «Pelourinho», der Pranger, ein Symbol für Macht und Rechtsprechung; an diesem Schandpfahl wurden die Sklaven gezüchtigt. Bei der Aufhebung der Sklaverei wurde der Pranger umgestürzt. Fast sechzig Jahre lag er unter dem Boden, bis er ausgebuddelt und wieder aufgestellt wurde; er gilt als eines der schönsten Beispiele für einen Pelourinho; nicht zuletzt ist er eine Erinnerung daran, daß hier einst alljährlich zweitausend Schwarze importiert wurden.

Die großspurigste Erinnerung an das Selbstbewußtsein von Alcântara sind die beiden Kaiserpaläste. Sie wurden gebaut, um den Kaiser bei einem eventuellen Besuch zu beherbergen. Um dieser Ehre und diese Kosten stritten sich zwei Familien, und die eine versuchte das Konkurrenzproblem zu lösen, indem sie einen Rivalen umbringen ließ. Das nahm der Kaiser zum Anlaß und Vorwand, um Alcântara nicht zu besuchen. Dennoch: Es wurden zwei Kaiserpaläste gebaut, die von keinem Kaiser benutzt wurden.

Ich bin der einzige Fremde, der an diesem Tag Alcântara besucht. So wenig hat man mit Fremden gerechnet, daß am Hafen keiner der Jugendlichen wartet, die den Besuchern ihre Dienste als Cicerone anbieten. Aber dann stellen sie sich doch ein, als ich mich der Carmo-Kirche nähere. Sie wollen mich durch die Rua Grande zurückbegleiten, wo sich ein Herrenhaus ans andere reiht, und sie zählen auf, wie viele «Sobrados» es sonst noch gibt. Sie dringen darauf, bis zum Brunnen zu spazieren, der einst die Wasserzufuhr sicherte; man müßte unbedingt das Museum besuchen, im Buch, in dem sich die Fremden eintragen, habe es Namen aus aller Welt; sie kennen auch die Läden, wo man günstig Hängematten, Gegenstände aus geflochtenem Sisal und Heiligenstatuen bekommt, einheimisches Kunsthandwerk. Und sie bedeuten einem, man sei zur falschen Zeit gekommen, oder mindestens, man müsse wiederkommen. Dann, wenn «Divino Espírito Santo» gefeiert werde. Das Fest beginnt an Auffahrt und dauert bis Pfingsten, und jedes Jahr wird, abwechslungsweise, ein König oder eine Königin gewählt. Was an der Prozession an Fahnen mitgetragen wird, kann man im Haus der Bruderschaft sehen, dort sind auch Kostüme ausgestellt, ein Altar und gedeckte Tische. Der «Divino Espírito Santo» ist nicht zuletzt ein Fest der Mulattinnen, der göttlichen Tänzerinnen und Musikantinnen, ein bra-

47

silianisches Fest, da sich afrikanische Riten und christliche Zeremonien verbinden; schwarze Götter und protugiesische Heilige feiern zusammen.

Aber die jungen Reiseführer sind bereit, für ein Entgeld auch zu schweigen. So flaniert man allein durch die Gassen, in denen sich das Kopfsteinpflaster erhalten hat. Manchmal ein einzelnes Fuhrwerk und einmal sogar ein Kastenwagen. Vorbei an Häuserfronten, bei denen oft nicht auszumachen ist, ob das Haus bewohnt ist oder nur noch aus einer Fassade besteht. Dann wieder hergerichtete Wohnhäuser und die eindeutigen Fronten von Ruinenmauern. Nun wurde vieles gar nie fertig gebaut, wie die Franziskus-Kirche, und das Fort wurde schon seinem Schicksal überlassen, als Alcântara noch aufwendig lebte.

Alcântara, ein einzigartiges koloniales Architekturensemble, wurde 1948 zum «nationalen Monument» erklärt. Das hat an seinem Geschick nicht viel verändert, auch wenn einige Restaurationsarbeiten durchgeführt oder vielmehr angefangen wurden. Hier ein Bogen neu errichtet und dort ein Gerüst aufgestellt und überall Haufen zurechtgehauener Steine, die auf ihre Wiederverwendung warten. Als 1980 hier eine internationale lateinamerikanische Tagung über Kulturpolitik und Kulturverwaltung stattfand, wurde ein Aufruf zur Rettung von Alcântara erlassen.

Aber Alcântara ist aus einem andern Grund in die aktuelle Auseinandersetzung geraten. Die Regierung von Brasília hat die Absicht, auf dem Gemeindeboden von Alcântara, an der Küste, eine Raketenbasis zu bauen; es wäre die zweite des Landes, eine Abschußrampe für Wetter- und Nachrichtensatelliten.

Der Plan wurde lange geheimgegehalten, aber dann wurde er doch publik und löste gleich eine heftige Polemik aus. Die einen Bewohner von Alcântara versprechen sich davon einen wirtschaftlichen Aufschwung, den das Städtchen dringend benötige. Andere mahnen, daß einem solchen Fortschritt alles geopfert werde, was die Einzigartigkeit von Alcântara ausmache. Ein Lyriker wie Carlos Drummond de Andrade, der mit seinen Zeitungskolumnen landesweit meinungsbildend wirkt, griff mahnend in die Diskussion ein: es gelte kostbares Kulturerbe zu schützen. Wenn das Projekt in der Stadt selber noch eher Zustimmung findet – die Landarbeiter fühlen sich bedroht. Zweitausend Familien müssen umgesiedelt werden. Möglich, daß neue Arbeitsplätze entstehen; aber keineswegs ist die Zukunft derer gesichert, die bisher Maniok, Bananen und Reis anbauten und Holzkohle herstellten, die sie in São Luís verkauften.

Vorläufig führt Alcântara noch sein Doppelleben – eines, bei dem das verlassene und das bewohnte Alcântara ineinander übergehen, so daß schwer auszumachen ist, was hier Vergangenheit ist und was noch Gegenwart.

Die paar Tage in São Luís und der Abstecher nach Alcântara sind zu einem Zwischenhalt geworden, nicht einfach deswegen, weil ich den Flug von Belém nach Fortaleza unterbrach. Es ist ein Halt zwischen bunten Kacheln und Eisenhütte, zwischen Lokalnachrichten und Weltgeschichte, zwischen Pranger und Abschußrampe, zwischen kolonialen Erinnerungen und Raketenträumen.

LUCILENE UND JORGE DA CRUZ PEREIRA DOS SANTOS («DODÓ»), 1986

Afrika – Brasilien – Maranhão – Alcântara.

NATIVIDADE SÁ, 1984

Sie war Spitzenklöpplerin und bereitete Süßspeisen und Schokolade beim Fest des «Divino Espírito Santo».
Sie webte Hängematten mit seitlichen Bordüren – das alles noch bis vor kurzer Zeit.
Sie spielte bei einem «Bumba-Meu-Boi[2]» für Frauen mit, als sie noch ein Mädchen war.
Sie schlug die Trommel beim Fest des São Benedito und lernte auch die Caixa zu schlagen.
Nati, unter diesem Namen war sie allseits bekannt, lebte in einer Zeit,
«…wo sich alle kannten und niemand nachts Türen und Fenster schließen mußte», wie sie selbst sagte.

BANANE UND ORANGE ZU VERKAUFEN, 1973

Bis in die 70er Jahre wuchsen die Früchte, die in den Häusern verkauft wurden,
noch im eigenen Garten oder in der Gegend von Alcântara.
Die Tomaten, Zwiebeln oder Limonen, die heute in den Fenstern hängen,
kommen aus São Luís über die Bucht.

«WEG IHR EINDRINGLINGE»
«WASSER FÜR DIE GANZE STADT», 1982

RAIMUNDO EMÍLIO RODRIGUES («SÃO BENEDITO»), 1987

São Benedito,
der selbst schon dem Benediktinerorden angehört hat,
ist einer der ältesten Zeremonienmeister
des «Divino Espírito Santo».

FAUSTINA LEITÃO AMORIM, 1986

So schweigsam,
wie die Spuren in ihrem Gesicht
lange Geschichten erzählen,
so schweigsam sind die Steine dort,
wo sie wohnt:
An der Ladeira do Jacaré.

MITTELGANG DER KIRCHE «NOSSA SENHORA DO ROSÁRIO DOS PRETOS», 1982

Ein weißer Engel in der Kirche der Schwarzen:
«São Benedito» und «Nossa Senhora do Rosário».

CASIMIRO MENDES («JANUÁRIO»), 1986

Er ist Fischer – was sonst?

LUISAURORA RIBEIRO AMORIM («SENHORA») UND MARIA DE FÁTIMA RIBEIRO AMORIM, 1986

Unter dem Heiligen Abendmahl
in dem Zimmer zur Straße,
in dem beide zusammen wohnen,
werden Mutter und Tochter verwechselt.

JESUSLENE RAMOS RODRIGUES UND ALCIONE DO NASCIMENTO RAMOS, 1987

Im früheren «Tapuitapera»,*³
dem heutigen Stadtteil Caravela,
spielen die Mädchen Indianer.
Wer weiß, vielleicht sind sie Tapúios?

AUF DEM «LARGO DO CARMO» AN EINEM NACHMITTAG IN DER REGENZEIT.
MAN SIEHT DIE RUINEN DES ZWEITEN «PALÁCIO DO IMPERADOR» MIT DER BUCHT VON SÃO MARCOS IM HINTERGRUND, 1984

JOSÉ RIBAMAR FERNANDES («ALLIGATOR») UND MANOEL DE JESUS COSTA («GÜRTELTIER»), 1984

Diese Werkstatt gibt es nicht mehr.
«Alligator» und «Gürteltier» arbeiten heute in ganz verschiedenen Berufen.
Aber zu jener Zeit, zwischen Schmelzofen und Amboß, da waren sie
noch richtige Schmiede, Profis sozusagen.

MARIA DE FÁTIMA ALMEIDA («NENEM») UND JOSÉ RAIMUNDO COSTA LEMOS, 1986

Sie sind sehr jung,
sind schwarz und haben Kinder.
Ihre Aussichten im Leben
sind nicht die besten.
Indessen sind sie schon aufgetreten,
mit Federn und Pailletten,
als Personendarsteller
bei einer Bumba-Meu-Boi-Aufführung.

SULAMITA BORGES, 1986

«Ich bin eben mit dem Hausputz fertiggeworden», sagte sie.

PAULO CESAR COSTA FERREIRA, 1986

Irgendwer bemerkte eines Tages: «Er ist wach, intelligent, ich vertraue ihm.
Aber irgendwie habe ich Angst …»

ANA CLÉIA CAMPOS BRITO («BIDÚ»), 1986

«Unsere Morena ist erwachsen geworden.
Welch ein Geschöpf!»

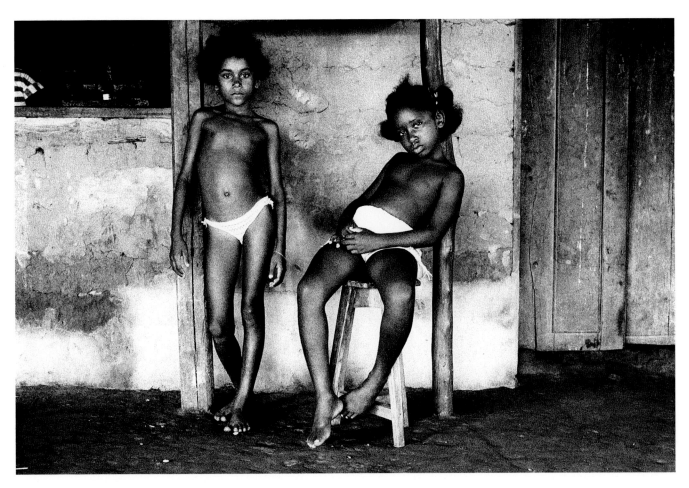

MARIA DA CONCEIÇÃO PEREIRA FRANÇA («CHITINHA») UND LUCILENE PEREIRA DOS SANTOS, 1986

Den Nachmittag genießen sie
in Felipes Bar im Strandviertel,
dort, wo die Rua Nova beginnt
und der Schlick aufhört.

YARA RAMOS RIBEIRO («YARINHA»), 1986

Yara im Kostüm einer Kammerzofe des «Divino Espírito Santo».
Diese Rolle übernahm sie beim Fest des «Ewigen Heiligen Geistes».

ROSIMERE RODRIGUES («NENEM»), INÊS DO ESPÍRITO SANTO CUNHA, SORAYA CLEIDE CUNHA CHAGAS («SOSO»),
ALEYCLEUDE CUNHA CHAGAS («LILICA») UND RAIMUNDO INÁCIO CUNHA («BOLÉ»), 1986

Bolé mit einigen Kindern und Enkeln in einem Haus an der Alligatorsteige.
Das ehemalige Lokal der «Samba-Blüte»,
eine der ältesten und traditionsreichsten Samba-Schulen der Stadt.

JAILÇA PEREIRA SOUZA («JACA») UND ROSIANE DE JESUS ALMEIDA, 1986

In der Hütte, wo Netze geknüpft und geflickt werden, spielen die Mädchen vom Strand.

ANA LAURA CAMPOS BRITO UND FREUNDINNEN, 1982

Die Mädchen spielen am Rande der Praça da Matriz. Ana hält einen Moment inne.
Sie sieht hinauf zu Barnabás, dort oben im Sobrado, wo einst der Stadtrat tagte.

MARIA DO LIVRAMENTO RIBEIRO AMORIM, 1982

Dona Maria wohnt gleich links,
wenn man die Ladeira do Jacaré hinaufgeht.
Und immer wartet sie im Fenster auf das Schiff,
das aus São Luís herüberkommt.

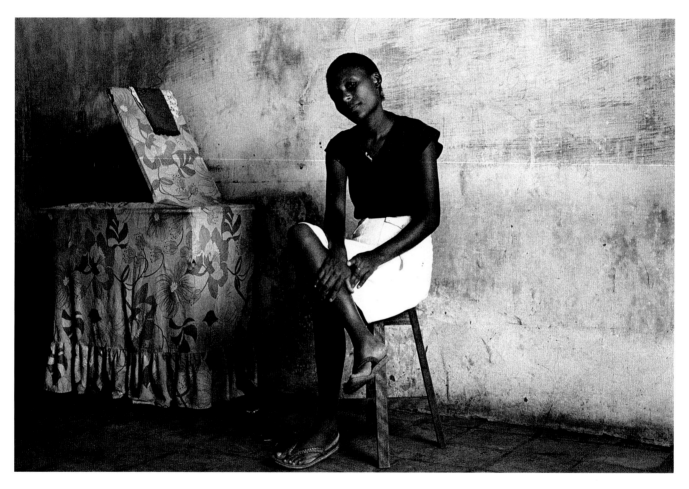

SULAMITA BORGES, 1984

Die frühere Frau von «Rui Morcego» (Fledermaus), Mutter dreier Kinder, wohnt zur Miete.
Ihr hat das Leben nie etwas geschenkt.

MARIA DE FÁTIMA RODRIGUES PEREIRA UND LYDICY SILVA AMORIM, 1986

Mädchen – Kinder,
die kleinen Frauen von Alcântara.

OSCARINA MARINHO PINHEIRO, 1984

Sie war eine von den «alten», traditionellen Caixa-Trommlerinnen des «Divino Espírito Santo».
Sie wurde 1906 in Alcântara geboren und starb in Alcântara im Jahr 1984.

MARIA JOSÉ AMORIM, JENUVEVA AMORIM («AUGUSTINHA»), MARINETE MORAES DA SILVA UND ANTONIA SIRIACA, 1986

Die Frauen Alcântaras kämpfen ums Überleben.
Sie kochen, waschen und schleppen Wasser – jeden Tag, den ganzen Monat hindurch,
ihr Leben lang.

PATRÍCIA DE CASSIA SILVA FERREIRA UND ROSAMARIA COSTA, 1986

Freundschaft. Angst. Zutrauen.

GIOSANNY DO LIVRAMENTO DE SOUSA BRITO («GISA»), 1986

Gisa wartet, festlich gekleidet, im Innern der Igreja do Desterro auf ihre Erste Kommunion.

DAS FEST DES «DIVINO ESPÍRITO SANTO», 1984

In der Rua das Mercês begeht Dona Virgínia das Fest des «Divino Espírito Santo».
Einige Einzelheiten des Altarraumes:
Ein Lämpchen aus Kreppapier, der Altarhimmel ist eine Spitzendecke aus der Kirche.

REGINA CÉLIA RODRIGUES, 1984

In ihrem Wohnzimmer erwartet das Mädchen als eine der niederen Kammerzofen
den Ruf des «Divino Espírito Santo».

REINALDO DO LIVRAMENTO FERREIRA BRITO («BABÃO»), 1984

Ein Künstler aus Alcântara.
Er malt in Öl
vom oberen Saal eines Sobrados aus
die Praça Gomes de Castro
mit dem Landsitz des Herrschers.

MAÍSA PEREIRA, 1986

Nach dem Ruhm schöpft sie Vertrauen zum Fotografen.
Ihre Beziehung gewinnt Gestalt.

JOSÉ DARIO FERRAIS PRADO («MIRUÍRA»), 1986

Ex-Seemann, Hafenarbeiter und Fischer.
Heute verläßt er kaum noch die Hängematte,
in der er schläft.

FAMILIE GUSMÃO: TERESINHA DE JESUS FARIA, WALDEMAR («ROMÃO») UND WALDEMAR FILHO, 1984

Die Familie von Romão läßt sich fotografieren – aber nur mit äußerster Skepsis.

DARCILEA UND MARILEA FERREIRA CASTRO UND FRANCINILDE FERREIRA PINHEIRO, 1984

Im Postamt lachen die Mädchen, während der Postmeister mal wieder einen Brief geöffnet hat.

NATIVIDADE SÁ, 1984

8.9.1908 – 15.11.1987
«Sie starb im Alter von 79 Jahren, ließ uns mit Tränen in den Augen und Sehnsucht zurück. Sie war eine
der bedeutendsten Frauen ihrer Zeit. Es gibt jetzt nur noch wenige von ihrer Art…»
Nati lebte in der Rua Grande. Seit einigen Jahren ertrug sie den Lärm des Generators, der die Stadt spärlich erleuchtete.
Er stank und war entsetzlich laut.

DER MOND GEHT IN DER BUCHT VON SÃO MARCOS UNTER, MORGENS UM VIER UHR, 1986

# Alcântara in den Augen von
# Barnabás Bosshart

Josué Montello

Alcântara ist eine kleine Stadt in Nordbrasilien. Mit ihren schnurgeraden Straßen, ihren imposanten Häusern, ihren geschlossenen Kirchen, ihren von blühenden Kletterpflanzen überwucherten Ruinen wirkt sie wie eine Reliquie der Vergangenheit auf einer Hügelspitze, an der die Zeit spurlos vorübergegangen ist, seit ihre Bevölkerung sie verlassen hat.

Unten schlägt schäumend gegen schwarzes Felsgestein das wilde Meer, das sie von der anderen Stadt trennt – São Luís, Hauptstadt des Bundesstaates Maranhão.

Eine ganze Zeit lang machten sich diese beiden Städte den Vorrang in der Region streitig: die eine, Alcântara, als Stadt der Aristokratie Maranhãos; die andere, São Luís, als die Stadt der Kaufleute, die zur Zeit des Kaiserreichs für die wirtschaftliche Blüte der Provinz sorgten.

In der Tat, während São Luís mit seinem Hafen, durch den die landwirtschaftlichen Produkte Maranhãos, insbesondere Baumwolle, Zuckerrohr und Reis, geschleust wurden, Hektik und Lärm bedeutete, verkörperte Alcântara mit seinen Festlichkeiten in den *Sobrados,* seinen Volksfesten, seinen luxuriösen Pferdekutschen Ruhe, Vergnügen und aristokratischen Müßiggang.

Mit der Zeit machten die Bewohner von São Luís Alcântara zu ihrer Sommerfrische, verbrachten dort die Schulferien und die Feste im Juni und Dezember, während die letzten Barone des Kaiserreichs, die ihre Wappen in Stein gemeißelt über den Portalen präsentierten, sonntags zur Messe in die Igreja do Carmo oder in die Igreja de São Matias gingen.

Allerdings war es nicht einfach, die zweiundzwanzig Kilometer zwischen den beiden einander gegenüberliegenden Städten auf dem Wasserweg zu überwinden. Von der Spitze eines der Hügel von São Luís kann man, fast vom Spätnachmittagsdunst verhüllt, Alcântara sehen, so wie man auch von Alcântara aus São Luís sehen kann, gleichfalls im Dunst, selbst an sehr sonnigen Tagen.

Um über das Meer dorthin zu kommen, müßte der in gerader Linie verlaufende Weg eigentlich der kürzeste sein für die Boote, die aus São Luís auslaufen und, den Wind von hoher See in den Segeln, ihre Bugspitze in die Weite der São-Marcos-Bucht lenken. Aber nein. Die Schiffer, die sich an der Küste von Maranhão auskennen, wissen, daß es so nicht geht, denn zwischen São Luís und Alcântara verläuft unter Wasser, von den hohen Wellen verdeckt, das Felsenriff «Cerca de Alcântara», auf dessen Konto sämtliche Schiffsunglücke auf dieser gefährlichen Route gehen. Der kürzeste Weg – zu Wasser – zwischen São Luís und Alcântara ist bogenförmig: das Schiff fährt an der Küste entlang, dann, weit draußen, um das Felsenriff herum, bis es auf der anderen Seite ist und ohne die Gefahr, auf den im Wasser verborgenen Felszacken zu zerschellen, Alcântara erreicht.

Inzwischen gibt es für diese Strecke Schnellboote, die den gleichen Weg in aller Sicherheit zurücklegen. Und auch kleine Flugzeuge und Hubschrauber, in denen die Reise, für die man zu Wasser anderthalb Stunden braucht, nur acht bis zehn Minuten dauert.

Die Überfahrt zu Wasser erschließt uns Alcântara ganz allmählich. Der über der Stadt liegende Dunst löst sich auf. Man sieht den Hafen. Dann die der Stadt vorgelagerte berühmte Insel: Ilha do Livramento. Schließlich den Anleger. Die ersten *Sobrados*. Die schnurgeraden Straßen. Und diese Ruhe. Diese Stille.

Vor gut zwanzig Jahren, als ich *Noite sobre Alcântara* (Nacht über Alcântara) schrieb und das Drama der langsam dahinsterbenden Stadt als Roman verarbeitete, gab es kein einziges Fahrzeug auf den Straßen, nicht einmal ein von Tieren gezogenes. Vergeblich hielt ich nach irgendeinem Jungen Ausschau, der vielleicht einen Faßreifen durch die menschenleeren Straßen rollte. Nichts. Nur der Wind, der durch die endlos langen, geraden Straßen pfiff, als wolle er mit seinem leisen Pfeifen die Stille ringsum verhöhnen.

Im letzten Viertel des 19. Jahrhunderts, als die Bevölkerung schrittweise nach São Luís abwanderte, hatte der Verfall von Alcântara bereits eingesetzt, und die Wildnis schob sich in die Stadt vor. Hier wurde ein *Sobrado* geschlossen, ein Stück weiter der nächste. Noch einer. Und noch einer. Ganze Straßenzüge. Die wappengeschmückten Kutschen verschwanden. Kein hohles Trappeln von Hufeisen auf den Pflastersteinen war mehr zu hören. Die erste Kirche wurde geschlossen; dann die nächste. Und vergeblich suchte man nach den Baronen von früher, den Damen, die nur mit einer Vorhut und Nachhut, bestehend aus Sklavinnen, auf die Straße gingen – schlanke, sehr gut gekleidete, schöne Negerinnen, die ausschließlich Neger aus Alcântara heirateten.

Mit dem Ende der Knechtschaft im Jahre 1888 endete auch das lebendige Leben in der Stadt. Schweigen legte sich auf die *Sobrados* mit ihren geschlossenen Fenstern. Und es mutet merkwürdig an, wie die Natur den Boden zurückerobert, der einst ihr gehörte: Zuerst hißt sie auf den Haussimsen die Blätter der *Mamona,* einer für die Gegend typischen Rhizinusart. Kletterpflanzen ranken sich an den Hauswänden hoch. Eines schönen Tages wächst im Garten ein Baum. Oder sogar mitten im Haus, denn das Dach ist eingefallen. Und die Vegetation wächst, breitet sich aus, wird kräftiger und höher, bis man kaum noch die Reste einer Wand, den Rahmen eines Fensters erkennen kann.

Adlige gibt es in Alcântara nicht mehr. Aber irgend etwas blieb erhalten in diesem Ambiente, dieser Atmosphäre, etwas, das den Glanz der Vergangenheit weiterleben läßt. In den Häusern, die sich weigerten zu sterben. In den schmiedeeisernen Balkongittern über den Straßen. In den Dachtraufen, die jetzt Vögeln als Unterschlupf dienen, vor allem den *Bem-te-vi.* In dem *Pelourinho,* der auf seinen Platz neben der Kirche São Matias zurückgekehrt ist.

Als städtebauliches und architektonisches Zeugnis einer bestimmten Epoche der brasilianischen Geschichte unter historischen Denkmalschutz gestellt, hofft Alcântara darauf, eines Tages von der Unesco zum Weltkulturgut erklärt zu werden. Dem Ende eines aristokratischen Lebens entspricht, daß es seinen Höhepunkt und seinen Verfall erlebte, zurückgeblieben sind verlassene, stille Straßen, Häuser, Kirchen, Bäume und Plätze, die uns einladen, dort zu verweilen und dem Wind zuzusehen, wie er durch die Straßen geht und den roten Staub auf den Vorhöfen der geschlossenen Kirchen zum Tanzen bringt.

Ehe ich *Noite sobre Alcântara* schrieb, bin ich unzählige Male in Alcântara gewesen, per Boot, per Flugzeug, per Hubschrauber. Ich weiß, daß man inzwischen auch auf dem Landweg dorthin kommen kann. Eines Tages werde ich diese Fahrt unternehmen, um die Gewißheit zu haben, daß ich sämtliche Wege und Möglichkeiten, nach Alcântara zu gelangen, genutzt habe.

Wenn man es aber ganz genau nimmt, kennt niemand Alcântara wirklich, wenn er nicht die unvergleichlichen Aufnahmen gesehen hat, in denen die großen Fotografen die Stadt festgehalten haben, so wie Barnabás Bosshart, der Autor dieses Buches. Barnabás hat, von dieser Stadt fasziniert, in Alcântara gewohnt. Er hat jede Straße, jedes Haus, jeden Winkel gesehen. Vor allem aber hat er die Menschen gesehen, die noch dort ausharren und mit dazu beitragen, die Stadt vor dem endgültigen Schweigen zu bewahren. Es sind diese Menschen, die Alcântara am Leben erhalten – solange nicht unter der Schirmherrschaft der Unesco der Plan in die Tat umgesetzt wird, einen der schönsten städtebaulichen und architektonischen Komplexe der Welt zu retten, der sich in der kräftigen Sonne nah am Äquator auf einem Hügel über dem Meer erhebt.

Als Romancier meinte ich, Alcântara zu kennen. Ich habe mich getäuscht. Ich kannte nur sein äußeres Erscheinungsbild. Barnabás Bosshart, der mit seinem Fotoapparat aus der Schweiz kam, hat mir die Augen für das geöffnet, was mir entgangen war. Mit anderen Worten: Die Stadt Alcântara, die den Blick der Menschen streift und sich hinter die verschlossenen Fenster zurückzieht; die sich in einem wappengeschmückten Portal offenbart und sich in langen Mondnächten in Leinen und Schleier zu kleiden scheint.

# Biographie

Barnabás Bosshart

BARNABÁS BOSSHART

1947 geboren.

1963/67 Kunst- und Fotografie-Studium an der Kunstgewerbeschule, Zürich.

1967/68 Assistent in den Studios von Bill King in London und New York.

1969 Freelance Modefotograf in Chelsea/London.

1977/80 Experimental-Film-Studium an der St. Martin's School of Art, London.

1978 Dozent für Fotografie an der Universität von Alberta, Edmonton, Kanada.

1973/89 Regelmäßige Aufenthalte in Brasilien. Reisen durch Nord-, Zentral- und Südamerika, Afrika, Asien und Europa.

### EINZELAUSSTELLUNGEN

1985 Kunstmuseum des Kantons Thurgau, Kartause Ittingen, Schweiz.

1986 Museu de Arte de São Paulo, MASP, Brasilien.

Museu Histórico de Alcântara/MA, Brasilien.

Museu Histórico e Artístico do Maranhão, São Luís, Brasilien.

1987 19. Internationale Kunst-Biennale v. São Paulo, Brasilien.

1988 Palais Bellevue, Kassel, BRD.

1989 China Art Gallery, Beijing/Volksrepublik China.

Museu de Arte de São Paulo, MASP, Brasilien.

Paço Imperial, Rio de Janeiro, Brasilien.

1990 Musée de l'Elysée, Lausanne, Schweiz.

### BÜCHER/KATALOGE/PUBLIKATIONEN

1972 «Blimey! Another Book About London».

Quadrangle Books Inc. A New York Times Company.

60 s/w Reproduktionen. Text von Donald Goddard.

1985    «Fotografien 1969–1984».
        Ausstellungs-Katalog. Kunstmuseum des Kantons Thurgau.
        21 s/w Reproduktionen. Texte von Elisabeth Grossmann, Mercedes
        Dido Davies, José Araújo Castro.

1989    «Points of Time».
        Ausstellungs-Katalog. China Art Gallery, Beijing/China. 62 s/w Re-
        produktionen. Texte von Cai Fangbo, Zhang Wenjin, Erwin Schur-
        tenberger, Jürg Baumberger, Allan Porter.

        Alcântara – «Eine Stadt in Brasilien zwischen kolonialer Erinnerung
        und Raketenträumen». Buch. 68 s/w Reproduktionen. Verlag Edition
        Stemmle, Schweiz. Texte von Josué Montello, Hugo Loetscher, Pietro
        Maria Bardi, Eliane Lily Vieira, Charles-Henri Favrod, Barnabás Boss-
        hart.

Publizierte Arbeiten in den meisten führenden englischen Mode-Journalen und
Zeitungen (Vogue, Harper's Bazaar, The Times, The Observer usw.) sowie in
Camera, Photo-Graphis, Neue Zürcher Zeitung, Merian, Zeit-Magazin, Frank-
furter Allgemeine, Helvetas, Das Magazin usw. und verschiedenen brasilianischen und chinesischen Zeitschriften, Büchern und Zeitungen.

STIPENDIEN/BEITRÄGE
Schweizer Kulturstiftung Pro Helvetia; Bundesamt für Kulturpflege; Schweize-
rische Stiftung für die Photographie; Kanton Thurgau; Ilford Photo AG;
Schweizerische Volksbank; Swissair.

FOTOGRAFIEN IN SAMMLUNGEN
Kunstmuseum des Kantons Thurgau, Kartause Ittingen, Warth/Schweiz;
Schweizerische Stiftung für die Photographie, Zürich/Schweiz; Museu de Arte
de São Paulo, Brasilien; Kulturamt der Stadt Kassel, BRD; Gesellschaft des chi-
nesischen Volkes für die Freundschaft mit dem Ausland, Beijing/Volksrepublik
China; Private Sammlungen.

© Copyright 1989 by EDITION STEMMLE,
Verlag 'Photographie' AG, CH-8201 Schaffhausen.
Alle Rechte vorbehalten, insbesondere die der Reproduktion jeder Art.

Übersetzung der Bildlegenden von Eliane Lily Vieira aus dem
brasilianischen Portugiesisch: Paul G. Grote, Hamburg
Übersetzung der Texte von Pietro Maria Bardi und Josué Montello aus dem
brasilianischen Portugiesisch: Karin von Schweder-Schreiner, Hamburg

Layout: Daniela Nägeli
Produktion: Peter Renn
Fotolithos: Repro von Känel AG, CH-8045 Zürich
Satz und Druck: Meier + Cie AG, CH-8201 Schaffhausen
Buchbinder: Großbuchbinderei Eibert AG, CH-8733 Eschenbach

Die Herausgabe dieses Buches erfolgte mit der Unterstützung der Schweizer
Kulturstiftung Pro Helvetia und des Regierungsrates des Kantons Thurgau.

Der Text von Hugo Loetscher erschien in der Neuen Zürcher Zeitung, Nr. 237, 1985

Anmerkungen zu den Bildlegenden:

### *1 FEST DES «DIVINO ESPÍRITO SANTO»

Das Fest des «Divino Espírito Santo» ist portugiesischen Ursprungs und existiert seit der
Kolonialzeit in Brasilien. Man huldigt dem Heiligen Geist, der über die Apostel (an Pfingsten) und einen katholischen Hof niederkommt, über Herrscherinnen, Herrscher und
Haushofmeister. In Alcântara traten eine Reihe von afrikanischen Elementen hinzu, wie
z. B. Caixa-Trommlerinnen, die das ganze Fest mit Gesängen begleiten und dazu die Caixa
schlagen, eine besondere Trommel.

### *2 «BUMBA-MEU-BOI»

Das «Bumba-Meu-Boi-Fest» wird in Brasilien alljährlich im Juni in den Regionen gefeiert,
wo der Wirtschaftszyklus der Rinderzucht existiert. In Alcântara/Maranhão tragen Sänger
die Geschichte der Frau eines Viehhirten (Vaqueiro) vor: Als sie schwanger war, begehrte
sie die Zunge vom Lieblingsbullen des Gutsbesitzers. Die Sänger in der Tracht von
Vaqueiros, mit bändergeschmückten Strohhüten oder verkleidet als Clowns, werden dabei
von Schlaginstrumenten begleitet.

### *3 «TAPUITAPERA»

Erde der Tapúios-Indianer.

ISBN 3-7231-0384-7